Destination COCKTAILS

SOLAR
EDITIONS

Sommaire

Introduction

Laissez-vous guider par « Destination cocktails » et découvrez comment réaliser en toute simplicité des cocktails conviviaux et originaux aux saveurs variées. Les cocktails réunis dans ce livre, répartis en quatre atmosphères, sauront donner à vos soirées l'ambiance désirée :

Les latinos : sous le soleil des îles, à l'ombre des cactus mexicains, sous le signe des Cariocas du Brésil... rien de tel qu'un subtil Mojito, une savoureuse Margarita ou encore une Caïpirinha acidulée pour donner une touche exotique et ensoleillée à votre salon.

Les lounge : dans une ambiance branchée new-yorkaise, british style ou écossaise cosy, apportez une touche raffinée avec le Cosmopolitan, pétillante avec le Gin Fizz ou néo-classique avec un Old Fashioned aromatique.

Les mondains : surprenez vos invités avec des cocktails à base de vin ou de champagne, étonnez votre entourage avec des recettes originales au muscat ou au porto, délicates et sophistiquées.

Ces cocktails feront de vos apéritifs des moments privilégiés et conviviaux.

N'hésitez plus : faire un cocktail ne demande que quelques ingrédients et un minimum de matériel... pour un maximum de goûts, de couleurs, et de saveurs ! C'est vous le barman : épatez vos amis !

Piña Colada

Pour 1 verre

4 cl de rhum blanc
6 cl de jus d'ananas
6 cl de lait de coco
2 cl de sirop de canne

● Dans un shaker rempli à moitié de glaçons, versez les ingrédients. Secouez énergiquement et servez dans un large verre à pied, décoré d'un morceau d'ananas.

● Pour une Piña Colada plus onctueuse, vous pouvez également la préparer au blender en plaçant tous les ingrédients dans le mixeur avec les glaçons.

● Vous pouvez également apporter une touche raffinée en parfumant votre recette avec de l'extrait de vanille ou de la vanille en poudre.

Le saviez-vous ? En espagnol, « piña colada » signifie « ananas filtré ». La Piña Colada aurait été créée le 15 août 1954 par un barman de l'hôtel Caribe Hilton de Puerto Rico. Elle est aujourd'hui la boisson officielle de l'État de Puerto Rico.

Paradisio

Pour 1 verre

4 cl de rhum paille
4 cl de nectar de maracujà
4 cl de nectar de mangue
1 cl de sirop de vanille

● Dans un shaker rempli à moitié de glaçons, versez le rhum paille, le nectar de maracujà, le nectar de mangue et enfin le sirop de vanille.

● Shakez et versez dans un verre à cocktail décoré d'une gousse de vanille.

Ti' Punch

Pour 1 verre

6 cl de rhum blanc
agricole 50° ou 55°

2 cl de sirop
de canne roux

Un quartier de citron vert

- La recette se prépare directement dans un verre à Ti' Punch de type Old Fashioned.
- Taillez le quartier de citron vert en huit sur une planche à découper.
- Versez dans le verre le sirop de canne, puis le rhum agricole. Effectuez le geste typique du « pressé-lâché » : le dé de citron vert est pressé entre deux doigts au-dessus du sirop de canne, puis lâché dans le verre.
- Mélangez tous les ingrédients délicatement.

Planteur

Pour 1 verre

4 cl de rhum blanc
agricole 50 ou 55°

12 cl de nectar
planteur des îles

2 cl de sirop
de canne roux

- Dans un verre long drink rempli de glaçons, versez et mélangez les ingrédients.
- Pour parfumer votre planteur, vous pouvez ajouter une touche de vanille en extrait ou en poudre.
- Décorez le verre avec des tranches d'orange et de citron.

Variante

Vous pouvez également remplacer les 12 cl de nectar planteur des îles par 4 cl de mangue, 4 cl de maracujà et 4 cl de goyave.

Mojito

Pour 1 verre

4 cl de rhum blanc 40°

½ citron vert

6 à 8 feuilles
de menthe fraîche

2 cl de sirop de canne

Eau gazeuse

- Dans un verre à mojito, disposez les feuilles de menthe, le citron vert coupé en dés et le sirop de canne. Pilez l'ensemble, puis versez le rhum blanc.
- Ajoutez de la glace pilée et allongez d'eau gazeuse.
- Mélangez de bas en haut avec une cuillère à mélange.

Le saviez-vous ? *L'histoire du Mojito remonte au début du XVIᵉ siècle, mais la recette prend un réel essor au début du XXᵉ siècle en devenant l'emblème de Cuba.*
Cocktail très apprécié d'Ernest Hemingway, le Mojito connaît un succès planétaire et est préparé dans les bars du monde entier.

Variantes

Mojito pêche paille : dans un verre à Mojito, disposez 6 à 8 feuilles de menthe, ½ citron vert coupé en dés et 2 cl de sirop de canne. Pilez et versez 4 cl de rhum paille. Ajoutez de la glace pilée et allongez de nectar de pêche. Mélangez de bas en haut avec une cuillère à mélange.

Mojito royal : dans un verre à Mojito, disposez 6 à 8 feuilles de menthe, ½ citron vert coupé en dés et 2 cl de sirop de canne. Pilez et versez 4 cl de rhum ambré. Ajoutez de la glace pilée et allongez de champagne. Mélangez de bas en haut avec une cuillère à mélange.

Caïpirinha

Pour 1 verre

6 cl de cachaça
1 citron vert
1 cl de sirop de canne

• Préparez la Caïpirinha directement dans un verre Old Fashioned.

• Lavez le citron vert et découpez-le en dés, en supprimant la partie blanche centrale.

• Placez les morceaux de citron dans le verre, ajoutez le sirop de canne et écrasez le tout à l'aide d'un pilon pour extraire le jus du citron vert. Ajoutez la glace pilée puis versez la cachaça.

• Mélangez avec un agitateur puis servez avec une paille.

Le saviez-vous ? L'origine de la Caïpirinha remonte au XIXe siècle. Au Brésil, les locaux aimaient boire du « garapa », un jus de canne à sucre qu'ils faisaient simplement bouillir.

Batida de Manga

Pour 1 verre

6 cl de cachaça
3 cl de nectar de mangue
1 cl de sirop de canne

• Réalisez la Batida de Manga au shaker : versez-y tous les ingrédients.

• Shakez, puis versez dans un verre tumbler rempli de glace et décoré d'un morceau de mangue.

Le saviez-vous ? Les batidas sont une famille de cocktails brésiliens à base de cachaça et de jus de fruits frais. Le mot « batida » vient du portugais « bater » (battre).

Margarita

Pour 1 verre

4 cl de tequila

2 cl de triple sec

2 cl de jus de citron vert
pressé

- Dans un shaker rempli à moitié de glaçons, versez la tequila, le triple sec et le jus de citron vert.
- Shakez et versez dans un verre à margarita.

Petit + *Pour une présentation dans les règles de l'art, le verre est généralement givré en passant le citron sur le bord du verre, puis en trempant ce dernier dans le sel fin. Utilisez des tranches de citron vert en décoration.*

Tequila Sunrise

Pour 1 verre

4 cl de tequila

8 cl de jus d'orange

2 cl de sirop de grenadine

- Préparez ce cocktail directement dans un verre long drink rempli de glaçons.
- Pour réaliser l'effet « sunrise », versez dans l'ordre la tequila, le jus d'orange puis la grenadine.

Petit + *Décorez le verre d'un quartier d'orange. Pour une saveur plus fraîche, vous pouvez utiliser du jus d'oranges pressées.*

Daïquiri

Pour 1 verre

6 cl de rhum blanc 40°

4 cl de nectar
de citron vert

2 cl de sirop de canne

• Dans un shaker rempli à moitié de glaçons, versez le rhum blanc, le sirop de canne et le nectar de citron vert.

• Shakez, puis versez dans un verre à cocktail et dégustez avec une paille.

Variante *Vous pouvez remplacer le nectar par du jus de citron vert pressé en ajustant le dosage de sucre à votre convenance. Le Daïquiri est également délicieux en remplaçant le rhum blanc par du rhum paille.*

Strawberry Daïquiri : dans un shaker à moitié rempli de glaçons, mélangez 6 cl de rhum blanc 40°, 4 cl de jus de fraise, 2 cl de sirop de canne et le jus d'un demi citron vert. Secouez énergiquement puis versez dans un verre à cocktail.

Le saviez-vous ? *Au début du xxe siècle, l'ingénieur Pagliuchi visita une mine de fer à l'est de Cuba appelée Daïquiri. À la fin de sa journée de travail, Pagliuchi proposa à son collègue américain Jennings Cox de boire un verre. Il n'y avait que du rhum, des citrons et du sucre. Ils mélangèrent ces éléments dans un shaker avec de la glace et décidèrent de l'appeler Daïquiri.*

Mai Tai

2 cl de rhum blanc 40°

2 cl de rhum ambré

2 cl de triple sec

6 cl de nectar
de citron vert

1 cl de sirop d'orgeat

• Dans un shaker rempli à moitié de glaçons, versez le rhum blanc, le rhum ambré, le triple sec, le nectar de citron vert et le sirop d'orgeat.

• Shakez et versez dans un verre à cocktail.

Le saviez-vous ? *Cocktail très prisé à Tahiti, le Mai Tai est emblématique des cocktails « tiki » associés à la culture polynésienne.*

Rumberries

Pour 1 verre

4 cl de rhum ambré

6 cl de jus de pomme

2 fraises fraîches

2 quartiers de citron vert

1,5 cl de miel liquide

1 pincée de cannelle
en poudre

• Dans un verre à cocktail, mettez les fraises fraîches, le citron vert, le miel et pilez l'ensemble.

• Complétez de glace pilée et versez le rhum ambré, le jus de pomme et la cannelle en poudre.

Petit + *Agrémentez la décoration avec une brochette de fraises fraîches.*

Sex on the Beach

Pour 1 verre

2 cl de vodka

2 cl de liqueur de melon

2 cl de liqueur de mûre

6 cl de jus d'ananas

6 cl de nectar de cranberry

• Dans un shaker à moitié rempli de glaçons, versez la vodka, la liqueur de melon, la liqueur de mûre, le jus d'ananas et le nectar de cranberry.

• Shakez et servez dans un verre à cocktail.

Astuces *Utilisez un verre à cocktail en forme de tulipe pour une touche de féminité.*

Petit + *Décorez avec un quartier d'ananas.*

Red Storm

Pour 1 verre

3 cl de vodka

2 cl de crème de pamplemousse

6 cl de jus de fraise

6 cl de nectar de goyave

• Dans un shaker, déposez quelques glaçons, puis versez la vodka, la crème de pamplemousse, le jus de fraise, puis le nectar de goyave.

• Shakez et servez dans un verre long drink.

Petit + *Décorez d'une fraise fraîche.*

Cosmopolitan

Pour 1 verre

4 cl de vodka
1 cl de triple sec
4 cl de nectar de cranberry
½ quartier de citron vert

- Dans un shaker rempli à moitié de glaçons, versez la vodka, le triple sec et le nectar de cranberry.
- Ajoutez le dé de citron vert pressé.
- Shakez et filtrez dans un verre à cocktail.

Petit + *Pour une ambiance new-yorkaise et branchée, accompagnez votre Cosmopolitan de mini-bagels apéritifs.*

Le saviez-vous ? *Dans les années 1970, ce cocktail a progressivement contribué à bousculer l'image masculine du bar en instaurant la mode des Girl drinks (boissons pour filles).*

Tropical Label

Pour 1 verre

3 cl de scotch whisky

3 cl de nectar de mangue

2 cl de nectar
de citron vert

5 feuilles de menthe
fraîche

Eau gazeuse pour allonger

• Dans un verre à mojito, mettez les feuilles de menthe, ajoutez les nectars de mangue et de citron vert, puis le scotch whisky.

• Pilez le tout puis rajoutez de la glace pilée jusqu'à la moitié du verre.

• Ajoutez l'eau gazeuse et mélangez.

Le saviez-vous ? *Surprenez vos invités avec des cocktails au whisky ! Le Tropical Label est une variante originale et exotique du classique Mojito, revisité avec du whisky.*

Blue Cargo

Pour 1 verre

5 cl de scotch whisky

3 cl de triple sec

2 cl de curaçao bleu

Tonic pour allonger

• Dans un shaker rempli à moitié de glaçons, versez le scotch whisky, le triple sec et secouez énergiquement.

• Versez dans un verre long drink, allongez de tonic, puis terminez par le curaçao.

Petit + *Décorez d'une rondelle d'orange plantée dans la glace.*

Manhattan

Pour 1 verre

4 cl de scotch whisky

2 cl de vermouth rouge

1 trait de bitter Angostura®

- Réalisez la recette du Manhattan dans un verre à mélange. Versez-y les ingrédients avec des glaçons et agitez vigoureusement avec une cuillère à mélange.

- Servez dans un verre à cocktail préalablement rafraîchi en retenant les glaçons.

- Placez une cerise dans le fond du verre en décoration.

Variante   Une variante du cocktail Manhattan peut être préparée en mélangeant 4 cl de scotch whisky et 2 cl d'américano dans un verre à cocktail.

Le saviez-vous ? Créé en 1874, le cocktail Manhattan est un grand classique du bar, connu dans le monde entier, qui évoque l'âge d'or américain.

Mint Julep

Pour 1 verre

6 cl de scotch whisky

1 trait de bitter Angostura®

1 cl de sirop de canne

5 feuilles de menthe

- Dans un grand verre Old Fashioned, mettez le sirop de canne avec les feuilles de menthe et le bitter.

- Écrasez avec le pilon, puis remplissez de glace pilée.

- Ajoutez le whisky.

Petit +   Décorez d'une tranche de citron et d'une branche de menthe fraîche. Pour une présentation « classique », présentez le Mint Julep dans une timbale en argent.

Blue Lagoon

Pour 1 verre

4 cl de vodka

2 cl de curaçao bleu

1 cl de jus de citron pressé

• Dans un shaker rempli à moitié de glaçons, versez la vodka, le curaçao et le jus de citron.

• Shakez et versez le tout dans un verre à cocktail décoré de citron.

Petit + *Pour un cocktail plus léger vous pouvez rajouter un peu de limonade.*

Le saviez-vous ? *Ce cocktail bleu a été créé en 1960 au Harry's Bar.*

Sikko

Pour 1 verre

4 cl de vodka

6 cl de nectar de citron vert

1,5 cl de sirop de canne

1 rondelle de gingembre

6 feuilles de basilic

• Dans un verre tumbler, incorporez le basilic, le gingembre et le sirop de canne.

• Pilez, puis ajoutez la glace pilée, la vodka et le nectar de citron vert.

Petit + *Décorez de basilic frais et d'un quartier de citron vert. Vous pouvez préparer quelques verrines de saumon gravlax, avocat, concombre et citron vert qui se marieront très bien avec ce cocktail rafraîchissant.*

Gin Fizz

Pour 1 verre

4 cl de gin

2 cl de jus de citron pressé

2 cl de sirop de canne

Eau gazeuse pour allonger

- Dans un shaker rempli à moitié de glaçons, ajoutez le gin, le jus de citron et le sirop de canne.
- Shakez et versez le tout dans un verre long drink.
- Allongez d'eau gazeuse bien fraîche.

Le saviez-vous ? *Le Gin Fizz a été créé par la marine anglaise pour faire consommer de la vitamine C aux navigateurs !*

Piccadilly

Pour 1 verre

4 cl de gin

4 cl de jus de pomme

2 cl de nectar
de citron vert

1 à 2 cl de sirop
de grenadine

- Dans un shaker rempli à moitié de glaçons, ajoutez le gin, le jus de pomme et le nectar de citron vert.
- Shakez et versez le tout dans un verre à cocktail.
- Ajoutez le sirop de grenadine.

Petit + *Décorez d'une rondelle d'orange.*

Bloody Mary

Pour 1 verre

4 cl de vodka
12 cl de jus de tomate
1 cl de jus de citron pressé
1 pincée de sel de céleri

- Dans un shaker rempli à moitié de glaçons, versez la vodka, le jus de tomate, le jus de citron et le sel de céleri.
- Shakez et versez dans un verre à cocktail.

Petit + *Vous pouvez relever votre cocktail de quelques gouttes de sauce pimentée (Tabasco®).*

Le saviez-vous ? *Ce cocktail vient de France : il a été inventé en 1921 par le barman du Harry's Bar.*

Ice Pick

Pour 1 verre

4 cl de vodka
8 cl de thé glacé
1 quartier de citron vert

- Dans un verre long drink rempli de glaçons, versez la vodka, complétez avec le thé glacé, pressez et déposez le quartier de citron vert dans le verre.
- Mélangez.

Petit + *Pour un goût plus doux, ajoutez 1 cl de sirop de canne. Utilisez des tranches de citron vert en décoration.*

Cherryllini

Pour 1 verre

4 cl de champagne

2 cl de crème de cerise

2 cl de nectar de pêche

- Dans un shaker rempli à moitié de glaçons, versez la crème de cerise et le nectar de pêche.
- Shakez, filtrez, puis versez dans une coupe de champagne.
- Allongez de champagne.

Petit + *Décorez avec une brochette de cerises griottes.*

Le saviez-vous ? *Le Cherrylini est une variante à la cerise du célèbre cocktail Bellini préparé avec du champagne et du nectar de pêche.*

Nuage de Fruits Rouges

Pour 1 verre

12 cl de champagne

2 cl de crème de mûre

2 fraises

- Dans un verre « piscine », déposez les fraises légèrement écrasées, la crème de mûre et le champagne bien frais.
- Ajoutez des glaçons.

Petit + *Le verre piscine est une coupe à larges bords. Vous pouvez le décorer d'une fraise fraîche.*
Pour une soirée sophistiquée, présentez ce cocktail accompagné d'un plateau de sushis et sashimis.

Fraîcheur Soleil

Pour 1 verre

6 cl de Rivesaltes Rosé
4 cl de nectar de maracujà
4 cl de nectar de cranberry
1 cl de sirop de grenadine

• Dans un shaker rempli de glaçons, versez tous les ingrédients.

• Shakez et servez dans un verre à vin.

Petit + *Décorez le verre avec une grappe de cranberries.*

Le saviez-vous ? *Le Rivesaltes Rosé est né au cœur des vignobles du Roussillon. Il est mis en bouteille sans vieillissement pour conserver toute la fraîcheur du fruit.*

Muscat Sweet Mojito

Pour 1 verre

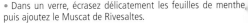

8 cl de Muscat
de Rivesaltes
5 feuilles de menthe
fraîche
1 trait de sirop de fraise
8 cl d'eau gazeuse

• Dans un verre, écrasez délicatement les feuilles de menthe, puis ajoutez le Muscat de Rivesaltes.

• Incorporez le sirop de fraise, puis allongez d'eau gazeuse.

• Servez avec de la glace pilée.

Petit + *Décorez le dessus du verre avec des feuilles de menthe. Quelques tartines de légumes grillés et de tapenade accompagneront cette ambiance méditerranéenne.*

Parfum Gourmand

Pour 1 verre

12 cl de vin blanc sec
ou Bourgogne aligoté

2 cl de crème de cassis

6 feuilles de basilic

• Dans un verre à vin rempli de glace pilée, versez la crème de cassis et le vin blanc.

• Ajoutez les feuilles de basilic et mélangez à la cuillère.

Le saviez-vous ? *Les crèmes de fruits apportent une note goumande aux cocktails. Elles révèlent leur puissance aromatique mixées avec du vin, du champagne et la plupart des alcools blancs.*

Variante *Cette recette originale est une variation autour du Blanc-Cassis revisité. Découvrez d'autres suggestions autour de ce grand classique :*

Cassis Royal : mélangez 9 cl de champagne et 3 cl de crème de cassis dans une flûte.

Melée Cassis : dans un verre à vin, versez 2 cl de crème de cassis et 4 cl de vin rouge. Allongez de 4 cl de limonade.

Caraïb'Ginger

Pour 1 verre

9 cl de nectar de maracujà

3 cl de nectar
de citron vert

1 cl de sirop de canne

2 rondelles
de gingembre frais

3 gouttes de sauce pimentée
(type Tabasco®)

• Dans un verre évasé, mettez les rondelles de gingembre, le sirop de canne et la sauce pimentée.

• Pilez le tout puis complétez avec des glaçons et les jus de fruits.

Petit + *Décorez d'un zeste de citron vert et savourez dans une ambiance exotique.*
Servez avec un accompagnement original de samoussa de bœuf aux épices, coriandre et citron confit.

Virgin Colada

Pour 1 verre

4 cl de jus d'orange

4 cl de jus d'ananas

4 cl de lait de coco

• Dans un shaker rempli à moitié de glaçons, versez tous les ingrédients.

• Secouez énergiquement et versez dans un verre tumbler ou un verre à piña.

Le saviez-vous ? *Le Virgin Colada est une variante sans alcool de la recette de Piña Colada (voir p. 6).*

Chantaco

Pour 1 verre

4 cl de jus d'orange

4 cl de jus de citron pressé

4 cl de jus
de pamplemousse

4 cl de sirop de fraise

- Dans un verre tumbler, déposez des glaçons.
- Versez lentement le jus d'orange, le jus de citron et le jus de pamplemousse.
- Ajoutez le sirop de fraise sans remuer.

Petit + *Décorez le bord du verre avec quelques fraises et un zeste de citron.*

Le saviez-vous ? *Le Chantaco est un classique du cocktail sans alcool que vous pourrez déguster avec plaisir en terrasse.*

Tutti Quanti

Pour 1 verre

6 cl de nectar de maracujà

4 cl de jus de fraise

4 cl de nectar de goyave

4 cl de nectar de mangue

- Dans un shaker rempli à moitié de glaçons, mélangez le nectar de maracujà, le jus de fraise, le nectar de goyave et le nectar de mangue.
- Shakez, puis versez dans un verre long drink.

Petit + *Décorez d'une brochette de bonbons.*

Destination Cocktails.FR

Destination Cocktails vous plonge dans l'univers coloré et convivial du cocktail. Rien de plus simple que de réaliser un
Laissez-vous guider par ces quelques conseils pour être au top et préparer des cocktails comme un pro !

À CHAQUE VERRE SON COCKTAIL

Quelques bons classiques à connaître pour sublimer la présentation de vos cocktails.

1 Old fashioned ou short drink
Tumbler « bas », il est idéal pour les short drinks.

2 Tumbler ou long drink
Forme de verre classique pour des cocktails « allongés ».

3 Verre à cocktail
Un verre élégant et raffiné qui donne une touche
très « cocktail » aux short drinks.

4 Verre à Margarita
Un verre typique du cocktail Margarita.

5 Verre ballon
Classique pour les cocktails à base de vin, le verre ballon
peut se révéler original pour certains cocktails.

6 Coupe
Pour les cocktails au champagne. Une variante « piscine »,
plus large, permet d'accueillir des glaçons pour des
cocktails très frais.

7 Flûte
Pour les cocktails raffinés et élégants, principalement à
base d'effervescents.

LA MALLETTE DE L'AMATEUR DE COCKTA

1 Le shaker
Il existe 2 modèles :
- Le Shaker métal 3 pièces avec une passoire intégrée
- Le Boston Shaker composé d'une partie métallique et d
partie verre appelée également verre à mélange.

2 Cuillère à mélange
C'est une cuillère à long manche qui permet d'atteindr
fond d'un verre à mélange et sert à remuer les ingrédient
haut en bas. Elle a 5 utilisations principales : mélan
mesurer, agiter, effectuer des étages, écraser.

3 La passoire à cocktail
Elle est utilisée avec la partie métallique du Boston Sh
pour retenir la glace après la préparation d'un cockta
shaker.

4 Mixeur (blender)
Pour préparer des cocktails mousseux ou onctueux.
Utilisez de la glace pilée, cela donnera une boisson
consistante.

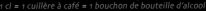

LA BONNE DOSE 1 cl =   =

1 cl = 1 cuillère à café = 1 bouchon de bouteille d'alcool

iPhone / iPad   Smartphone et tablette Android

BONS INGRÉDIENTS
ET LES BONS COCKTAILS

La base alcool

Les alcools blancs (rhum, vodka, gin, tequila, cachaça) sont des ingrédients incontournables du bar de l'amateur de cocktails.

Les subtiles notes de canne à sucre du **Rhum** apportent une touche d'exotisme à vos cocktails. Planteur, Mojito, Piña Colada, Daiquiri, Ti'Punch... les cocktails à base de rhum sont célèbres dans le monde entier. Choisissez un rhum agricole, obtenu par la distillation du jus des cannes, pour procurer à vos cocktails une véritable authenticité antillaise. Pour des cocktails moins typés, préférez les rhums en provenance de Cuba ou des Caraïbes.

La **Tequila**, originaire du Mexique, est élaborée à partir d'une distillation d'agave bleu. Ses notes boisées et sa finesse sans égale sont adaptées à la consommation en cocktails ; la Margarita et le Tequila Sunrise sont les plus emblématiques.

La **Cachaça**, alcool de canne brésilien, aux notes aromatiques plus « sèches » que son cousin le rhum, se développe grâce à la notoriété de son cocktail phare, la Caïpirinha.

D'une grande pureté, la **Vodka** peut être mixée avec tous types d'ingrédients pour vos cocktails tendance, tels que le Cosmopolitan ou le Sex on the Beach.

So british pour le **Gin** qui apporte des arômes subtils de baies de genièvre aux cocktails. En version Fizz ou en version Tonic, le gin s'associe très bien avec le citron.

Le **Whisky** est une eau-de-vie élaborée par distillation de céréales maltées ou non maltées. Nombreux sont les grands classiques du bar à base de whisky : Old Fashioned, Manhattan... découvrez ces cocktails sophistiqués et raffinés.

RAFRAÎCHISSEZ

Élément d'une extrême importance, la glace doit être la plus froide possible pour éviter d'apporter trop d'eau au mélange.

La glace pilée rafraîchit plus vite mais produit davantage d'eau. Pour faire de la glace pilée facilement, placez un torchon propre sur une planche à découper, déposez-y les glaçons, concassez à l'aide d'un marteau.

Les plus avertis s'équiperont d'un **pilon à glace pilée** (ice crusher).

L'astuce

La note gourmande

En traditionnel Blanc-Cassis ou en Cocktail, place à la créativité !

Les **crèmes de fruits** (cassis, mûre, pêche...) révèlent leur puissance aromatique mixées avec du vin, du champagne et la plupart des alcools blancs.

La touche fruitée

Ingrédients indispensables du cocktail, les **nectars et jus de fruits** apportent toute l'originalité aux cocktails avec ou sans alcool. Depuis près de 35 ans, CARAÏBOS est la marque experte du cocktail, reconnue par les professionnels du bar pour la qualité de ses produits.

Le **sirop de canne** révèle toutes les saveurs de vos cocktails. Sa forme liquide est un atout pour s'associer aux spiritueux et aux jus de fruits.

CANADOU, créateur du sirop de canne liquide, est l'allié de tous les cocktails depuis près de 40 ans.

Des indications de difficulté et de préparation vous sont données pour chaque cocktail :

Facile

Préparation au verre

Moyen

Préparation au shaker

Plus difficile

www.destinationcocktails.fr

Avec votre Smartphone, connectez-vous sur www.flashcode.fr et suivez les indications pour télécharger l'application. Une fois celle-ci installée, photographiez les flashcodes imprimés dans cet ouvrage pour accéder aux vidéos !

Remerciements à Bardinet, à La Martiniquaise et aux barmen conseil Pierre Boueri et Ugo Jobin

L'abus d'alcool est dangereux pour la santé. À consommer avec modération.

Photos : Amélie Roche
Stylisme : Alexia Janny
Photo couverture : Bernard Radvaner
Stylisme : Motoko Okuno
Direction éditoriale : Corinne Cesano
Direction artistique : Vu Thi
Graphisme et suivi artistique : Julia Philipps
Mise en page et photogravure : APS/Chromostyle
Fabrication : Laurence Ledru-Duboscq
© Éditions Solar, 2013
Tous droits de traduction, d'adaptation et de reproduction par tous procédés, réservés pour tous pays.
ISBN : 978-2-263-06318-3
Code éditeur : S06318
Dépôt légal : septembre 2013
Imprimé en Chine par Leo Paper

Solar | un département | place des éditeurs